AF383682

NOTE

SUR LA

QUESTION DE LA BANQUE DE SAVOIE.

PARIS,

IMPRIMERIE ADMINISTRATIVE ET DES CHEMINS DE FER DE PAUL DUPONT,

Rue de Grenelle-Saint-Honoré, 45.

1861

[illegible]

[illegible]
[illegible]
[illegible]

[illegible]

NOTE

QUESTION DE LA BANQUE DE SAVOIE.

La Banque de Savoie se prétend entravée dans l'exercice de ses priviléges : elle soutient que le Gouvernement lui doit une indemnité considérable ; en compensation, elle sollicite la fusion au pair de ses actions avec un pareil nombre d'actions de la Banque de France, ou bien elle consent à céder son droit d'émettre des billets payables à vue et au porteur, moyennant un prix qu'elle fixe à six millions de francs.

Avant d'entrer dans l'examen de cette question, il n'est pas sans intérêt et sans utilité de rechercher comment elle est née ; quelles sont les idées qui lui ont servi de mobiles ; ce sera lui imprimer son véritable caractère.

Il est d'abord remarquable que la réunion de la Savoie, opérée par le traité du 24 mars 1860, a été, dès l'origine, envisagée par la Banque de Savoie comme le commencement d'une ère nouvelle, ouverte à l'activité de ses opérations, et comme la source certaine d'une prospérité croissante.

Dans son rapport à l'Assemblée générale des Sociétaires, tenue le 9 septembre 1860 (*la date est à retenir*), le Conseil d'administration exprimait ses convictions à cet égard dans les termes suivants :

« En entrant sous de tels auspices dans la patrie française, la Savoie

1861

« verra bientôt son industrie et son commerce suivre un mouvement de
« progression constant, rapide et sûr, et les opérations des institutions
« de crédit, qui servent de trait d'union entre la production et le tra-
« vail, prendront une extension proportionnelle au développement des
« opérations commerciales.

« Si nous envisageons cette situation nouvelle au point de vue de la
« Banque de Savoie, il est évident qu'elle entre dans une large sphère
« d'action. Le champ d'emploi de ses billets sera considérablement
« agrandi ; leur circulation deviendra plus intensive. Sur les principales
« places de la France, des *Correspondants* les échangeront au pair et à
« présentation contre du numéraire, et l'on ne saurait prévoir d'obstacle
« à leur acceptation dans tout l'État.

« La Banque, pour se porter au secours des besoins nouveaux qui la
« solliciteront dans le domaine bien défini de ses attributions, se verra
« bientôt appelée à augmenter dans de grandes proportions la puissance
« de son capital. Une proposition à cet égard sera incessamment sou-
« mise à l'appréciation de MM. les Actionnaires, convoqués extraordi-
« nairement en Assemblée générale.

« Votre établissement est d'ailleurs placé dans les conditions les plus
« favorables à un vaste déploiement dans toutes les branches de ses
« opérations. La charte qui l'institue lui permet d'admettre à l'es-
« compte des effets revêtus de deux signatures seulement.

« Cette précieuse faculté améliore donc notablement les conditions du
« crédit ; si l'on y joint le pouvoir que vous donne votre loi organique
« d'émettre des coupures d'un chiffre abaissé de 50 francs et de
« 20 francs, ardemment réclamées par le petit commerce, il est mani-
« feste que ce double privilége établit en faveur de votre Société une
« supériorité marquée sur les institutions moins favorisées. »

On ne pouvait exprimer avec plus d'énergie une sécurité plus grande
dans le présent, et une confiance plus ferme dans l'avenir de cette
institution.

Cependant, à la suite du brillant tableau de ces espérances, le rapport des Administrateurs parle de doutes qui auraient été conçus *dans le monde commercial*, au sujet de la *continuation* de l'exercice du privilége de la Banque de Savoie. Il en signale le fâcheux effet, et il annonce qu'un mémoire a été présenté à S. M. l'Empereur, pour le prier de vouloir bien *sanctionner par une disposition souveraine les droits acquis de la Banque, et rassurer ainsi tous les intérêts alarmés.*

Qui donc avait excité ces doutes *dans le monde commercial?*

Chose étrange! au milieu de ces prétendues alarmes, les actions de la Société, qui auraient dû en ressentir le contre-coup, deviennent l'objet d'actives mutations; plus du quart (1,115 sur 4,000) changent de mains dans un court intervalle. Au lieu de baisser, leur valeur s'élève à un taux exagéré; de 1,100 à 1,150 francs qu'elles valaient au moment de l'annexion, alors que le dividende de 1859 était de 64 fr. 40 c., elles sont à 1,900 ou 2,000 francs à l'époque du rapport du 9 septembre, quoique le bénéfice du 1er semestre 1860 ne soit que de 33 fr. 95 c.

Cette faveur serait inexplicable si la Banque de Savoie avait été menacée. En réalité, elle ne l'était pas et ne pouvait pas l'être.

L'annexion ne portait, suivant les principes du droit public, aucune atteinte à son existence; et, comme l'a dit un jurisconsulte éminent, elle était après ce qu'elle était avant, avec la même constitution, les mêmes droits, la même protection (1). L'État n'apportait aucune entrave à sa jouissance, et personne n'avait la volonté de lui nuire, ni intérêt à le faire.

Aussi, ce ne sont pas des doutes de cette nature que voulait signaler le rapport du 9 septembre. Il faisait allusion à un projet conçu par une spéculation hardie, propagé avec insistance, attrayant par ses brillants résultats. Ce projet ne consistait en rien moins qu'à obtenir la fusion de la Banque de Savoie avec la Banque de France, ou l'absorption de l'une par l'autre, moyennant un échange d'actions au pair, sans soulte ni retour; c'est-à-dire que pour une action valant 1,150 francs au moment

---

(1) Consultation de M. Dufaure pour la Banque de Savoie. (28 octobre 1860.)

de l'annexion, on en recevait une de 2,895 francs. On insinuait que l'appui du Gouvernement, si désireux de favoriser les intérêts des nouveaux départements, serait acquis à cette combinaison ; et cette brillante perspective avait fait monter les actions à un taux exorbitant.

Le 9 septembre, le Conseil d'administration de la Banque de Savoie ne partageait pas ces illusions ; il n'admettait pas la possibilité de la suppression de l'établissement ; il affirmait au contraire son avenir, et opposait le tableau de sa future prospérité aux doutes du monde commercial sur la continuation de son existence.

On a dit plus tard, et imprimé dans un mémoire adressé à Son Exc. le Ministre des Finances, que la pensée de la fusion de la Banque de Savoie avec la Banque de France avait été indiquée par S. M. l'Empereur, dans une audience du 21 octobre 1860, comme la combinaison propre à sauvegarder à la fois l'intérêt public et l'intérêt privé.

C'est une erreur manifeste : l'idée première de cette combinaison ne date pas du 21 octobre ; elle avait déjà fait son chemin parmi les intéressés de la Banque de Savoie : la hausse exagérée des actions, la spéculation dont elles avaient été l'objet, le rapport du 9 septembre, tout le démontre ; et la constatation s'en trouve dans les rapports officiels des agents supérieurs du Gouvernement, envoyés en Savoie avant le 21 octobre. Ces agents avaient eu connaissance de ce qui était l'objet de toutes les préoccupations des places d'Annecy et de Chambéry, depuis l'annexion. Ce fait avait une grande valeur, et ils n'ont pas omis d'en parler.

Mais on avait besoin de se rattacher aux assurances bienveillantes d'une haute sollicitude, pour expliquer le revirement complet qui s'est opéré bientôt dans les idées des Administrateurs de la Banque.

Quelques jours ont suffi pour changer leurs convictions. Le 31 octobre, ils présentent un mémoire à Son Exc. le Ministre des Finances, non plus en faveur du maintien de la Banque de Savoie, mais pour solliciter sa fusion avec la Banque de France. Ils s'approprient tous les arguments employés jusque-là, pour propager l'idée de cette solution. Ils la déclarent la seule possible ; ils demandent au Gouvernement français de la patroner ; car, disent-ils, *elle aboutira, si elle a son appui.*

Ainsi, le 31 octobre, on dit le contraire de ce qu'on proclamait le 9 septembre. La Banque de Savoie, qui devait trouver dans l'annexion un vaste champ ouvert à ses opérations, une vigueur et une extension nouvelles, dont l'avenir devait être envisagé sous des couleurs si brillantes, est représentée comme arrêtée, paralysée dans son essor ; l'annexion a changé toutes ses conditions d'existence ; au lieu de lui profiter, elle l'a amoindrie ; son droit de créer des succursales, droit vain, inerte, dont elle n'a jamais songé à faire usage, invoqué désormais comme son plus bel apanage, est détruit, rendu inutile par les priviléges de la Banque de France.

Le monopole exclusif, la puissance envahissante de ce grand établissement, écraseront la Banque de Savoie, ou ne lui permettront qu'une existence faible et timide dans les deux départements ; d'ailleurs, le Gouvernement ne peut laisser subsister dans la Savoie, devenue française, une institution qui, par les facultés dont elle est douée, est complétement différente du système adopté en France pour la constitution des banques ; bien plus, il ne peut tolérer une double circulation fiduciaire. S'il y consentait, s'il s'écartait ainsi de ses principes, il ne sauverait pas la Banque de Savoie, dont les opérations seront envahies par la Banque de France.

Sans s'inquiéter d'être conséquente avec elle-même, la Banque de Savoie, à l'appui de cette thèse nouvelle, multiplie les mémoires, les consultations d'avocat, les suppliques ; elle fait appel à toutes les influences, invoque des considérations politiques, sociales ; et à l'aide de ces moyens, elle espère forcer la main à la Banque de France, ou obtenir du Gouvernement des indemnités fabuleuses.

Invité par M. le Ministre des Finances à examiner le projet de fusion sollicité par la Banque de Savoie, le Conseil de régence de la Banque de France, sans se prononcer sur les conditions proposées, a envoyé sur les lieux un inspecteur, pour étudier cet établissement et la marche de ses opérations.

Les résultats de cette inspection ont convaincu le Conseil de régence que la fusion n'était pas possible à cause des dissemblances des Statuts des deux établissements, de la nature de leurs opérations et des services qu'ils étaient appelés à rendre. Sans s'occuper, en conséquence, des conditions exorbitantes indiquées pour cette fusion, le Conseil de régence y opposa un refus péremptoire.

Et néanmoins, persuadé que la Banque de Savoie, telle qu'elle était organisée, pouvait répondre à des besoins spéciaux que la Banque de France n'était pas en position de satisfaire, le Conseil de régence insista pour que la Banque de Savoie continuât ses opérations comme par le passé.

Il indiqua, toutefois, que, s'il pouvait convenir à la Banque de Savoie de céder son droit à l'émission des billets, il serait disposé à en faire le rachat, *à condition qu'elle se transformerait en Comptoir national*, ou du moins qu'un Comptoir d'escompte, à l'instar de celui de Paris, serait fondé. Cette fondation, *suivant lui*, serait un intermédiaire utile entre les populations de la Savoie et une succursale de la Banque de France. La clientèle actuelle de la Banque de Savoie n'aurait rien à changer à ses habitudes. Le capital social conserverait les bénéfices de l'escompte, que six années d'exercice semblaient lui assurer, et par l'établissement prochain d'une succursale, le concours de la circulation fiduciaire de la Banque de France serait le plus heureux résultat possible de l'annexion, au point de vue des questions de crédit commercial qu'elle a pu soulever.

La Banque de Savoie déclara que la transformation indiquée était impossible à réaliser sans le consentement unanime des Actionnaires, et, néanmoins, elle désira connaître le prix que le Conseil de régence consentirait à donner pour le rachat du droit d'émettre des billets de banque.

Informée de ce désir par Son Exc. M. le Ministre des Finances, la Banque de France a délibéré de nouveau, et tout en persistant dans le vœu que la Banque de Savoie, dans l'intérêt des populations annexées, voulût durer dans la forme actuelle, elle a décidé que si cette Banque préférait renoncer au privilége de sa circulation fiduciaire, et appliquer à la fondation d'un Comptoir national tout ou partie de son capital actuel, la Banque de France consentirait à racheter, au prix de 600,000 francs, le privilége que possède la Banque de Savoie d'émettre des billets de banque.

Cette offre a été basée sur la considération suivante :

Avant l'annexion, et quand la spéculation n'avait pas encore altéré la vérité du prix des actions de la Banque de Savoie, ce prix n'avait pas dépassé 1,150 francs ; la somme de 600,000 francs était donc la représentation de la prime à son cours le plus élevé, acquise aux 4,000 actions de la Banque de Savoie.

Accompagnée de la certitude de l'établissement d'une succursale de la Banque de France en Savoie, l'offre était certainement loyale et large. D'un côté, elle satisfaisait à l'intérêt public, en maintenant aux populations de la Savoie tous les avantages qu'elles ont pu retirer jusqu'à ce jour de l'établissement de la Banque ; d'un autre côté, elle donnait aux capitaux engagés dans cette affaire une rémunération plus que légitime, puisque, sans porter atteinte aux sources principales de leurs bénéfices, elle mettait à l'abri des chances de l'avenir la plus-value qui leur était acquise dans l'opinion même de leurs détenteurs.

Mais cette offre, qui aurait dû certainement être acceptée avec empressement, comme une solution satisfaisante de tous les intérêts publics et privés, ne pouvait contenter des prétentions exagérées, conçues et caressées depuis longtemps. Elle a été refusée comme trop infime pour servir de point de départ à ce qu'on a appelé une négociation sérieuse.

La Banque de France, qui ne pouvait se méprendre désormais sur l'avidité des intentions, s'est hâtée de retirer son offre, et de déclarer qu'elle entendait rester étrangère à toute cette affaire.

C'est alors qu'au nom de la Banque de Savoie, il a été présenté à Son Exc. M. le Ministre des Finances un nouveau mémoire.

Dans celui du 31 octobre 1860, on n'avait pas la prétention de rendre le Gouvernement responsable de préjudices qui n'existent pas; on se bornait à solliciter son *appui* contre la Banque de France. Aujourd'hui on change de système, c'est l'État seul qui est en cause, lui seul qui doit une indemnité, et cette indemnité, elle se chiffre par des millions.

Tels sont les faits, telle est aussi l'origine de ce qu'on nomme la question de la Banque de Savoie.

Il est impossible de s'y tromper : sous les apparences de l'intérêt public, et sous les considérations politiques qu'on invoque à tout propos, il n'y a, au fond, qu'un intérêt privé en jeu. Il ne s'agit pas de chercher la meilleure organisation de crédit qui convienne à la Savoie, il ne s'agit pas de satisfaire aux besoins du commerce et de l'industrie des provinces annexées, il s'agit purement et simplement de savoir si quelques intérêts particuliers, surexcités par des espérances exagérées, parviendront, à force d'insistance, a réaliser un plan qui, d'un seul coup, assurerait à ceux qui en poursuivent l'exécution, un bénéfice énorme, et que rien ne saurait justifier. Quant à la Banque de Savoie, si indispensable aux besoins des provinces réunies, on est prêt à sacrifier son existence, si on peut en obtenir un gros prix.

Le caractère de ces prétentions ainsi fixé irrécusablement, il faut entrer actuellement dans leur examen, et en faire voir le peu de fondement.

Le mémoire qui les contient, et qui s'adresse à Son Exc. M. le Ministre des finances, se divise, sur ce point, en trois paragraphes.

Le premier tend à établir qu'il est dû à la Banque de Savoie, par le Gouvernement, une indemnité considérable, parce qu'elle ne peut, ainsi qu'elle en aurait le droit par son privilége, établir des succursales dans les diverses villes où existent celles de la Banque de France.

Le second paragraphe a pour objet de démontrer que, sans que la Banque de Savoie ait aucun titre pour adresser une demande quelconque à la Banque de France, le meilleur moyen cependant pour le Gouvernement de régler l'indemnité due à la Banque de Savoie serait d'employer son influence pour obtenir la fusion des deux Banques, en échangeant au pair les actions de l'une contre un pareil nombre d'actions de l'autre.

Le troisième paragraphe traite du rachat du privilége de la Banque de Savoie, dans le cas peu probable, dit-on, où la combinaison de fusion serait écartée, et fixe à huit millions la valeur de ce privilége.

Par une annexe qui demandera une réponse particulière, ce chiffre de huit millions est réduit à six millions.

Pour réfuter ces prétentions, il n'est pas malheureusement possible de se borner à des réponses sommairement énoncées; il faut, pour que les questions soient bien comprises, les examiner dans tous les détails qu'elles comportent.

On suivra, dans cet examen, l'ordre indiqué dans le mémoire.

§ Ier.

Indemnité réclamée par la Banque de Savoie.

Pour discuter convenablement cette partie de la question, comme aussi pour apprécier plus tard le projet de fusion et la valeur du privilége de la circulation fiduciaire, il est indispensable de connaître complétement la Banque de Savoie, sa constitution, ses priviléges, la nature et la marche de ses opérations. Cet examen préalable n'est pas un hors-d'œuvre, c'est une nécessité de la question.

La Banque de Savoie a été autorisée par une loi du Gouvernement Sarde du 25 avril 1851. Elle s'est constituée en Société anonyme, et fonctionne depuis dix ans, ayant son siége principal à Annecy et un comptoir à Chambéry.

La durée de cette Société a été fixée à trente ans; mais elle pourra être renouvelée du consentement des porteurs des deux tiers des actions.

2

Elle est autorisée par la loi et par ses Statuts :

1° A escompter des lettres de change, billets à ordre et autres effets de commerce, dont l'échéance ne dépasse pas 90 jours.

Les effets à deux signatures peuvent aussi être admis à l'escompte, pourvu que leur admission soit délibérée à l'unanimité par tous les membres qui composent la Commission hebdomadaire d'escompte et par les Directeurs ;

2° A faire *toutes sortes de payements et de recouvrements sur la Savoie, le Piémont et l'étranger ;*

3° A faire des avances, sur dépôts de fonds publics de l'État, d'actions de la Banque nationale, d'obligations des villes, de matière d'or ou d'argent, *de soie tant grège que travaillée ;*

4° A recevoir en dépôt volontaire tous titres, valeurs et espèces, *avec ou sans intérêt ;*

5° *A réescompter le papier de son portefeuille et à se mettre en compte avec la Banque nationale et autres maisons solides du royaume et de l'étranger, pour leur remettre et en recevoir des valeurs à l'encaissement ;*

6° A émettre des billets de 1,000, 500, 250, 100, 50 livres, payables au porteur, en espèces et à vue.

Par un décret royal du 12 mars 1859, elle a été autorisée à émettre, jusqu'à concurrence d'un million seulement, des billets de 20 livres.

Le fonds social de la Banque était originairement fixé à 800,000 livres, divisé en 800 actions, avec facilité d'être augmenté par la création d'actions nouvelles (art. 5).

En vertu de cette faculté, le capital a été porté successivement, en 1853, à 1,600,000 francs, à deux millions, en 1856, et enfin à quatre millions en 1858. Le versement de cette dernière émission d'actions s'est effectué par quart, dont le dernier a été payé en janvier 1861.

Les opérations de la Banque sont dirigées par des Directeurs, sous la surveillance du Conseil d'administration à Annecy et d'un Comité à Chambéry. Il existe en outre à chacun des deux siéges un Conseil d'escompte.

Les Directeurs sont nommés par les Actionnaires. Ils ne peuvent être révoqués qu'en cas de mauvaise gestion, et sur la décision de l'Assemblée générale.

En cas de révocation ou de retraite volontaire des Directeurs, ceux-ci, et, en cas de décès, leurs héritiers ou ayants droit, ont le droit de présenter leurs successeurs à l'Assemblée générale des Actionnaires.

Il est alloué aux Directeurs un appointement fixe, plus 20 p. 0/0 sur les bénéfices, déduction faite de l'intérêt à 5 p. 0/0 payé aux Actionnaires, et de 20 p. 0/0 mis au compte de réserve.

Telle est l'analyse succinte des droits constitutifs de la Banque.

En dotant la Savoie d'un établissement de crédit, le Gouvernement Sarde s'était proposé d'en faire pénétrer les bienfaits dans toutes les parties de cette province, d'y développer les germes de commerce et d'industrie, que l'absence de capitaux pouvait condamner à la stérilité. Le but était louable; jusqu'à quel point pouvait-il être atteint?

La Savoie haute et basse est restée jusqu'à présent plutôt agricole qu'industrielle et manufacturière. Elle livre à la consommation étrangère des bestiaux, du beurre, des fromages, du bois, un peu de vin et de soie, et, comme matières premières, du minerai de fer, du cuivre, du plomb argentifère, des fontes, des peaux. Ces divers articles donnent lieu à quelques transactions plus variées qu'étendues.

En fait d'industrie proprement dite, elle possède quelques tanneries, des papeteries, des verreries, des scieries de bois, une fabrique d'horlogerie, quelques filatures de coton, de soie et de laine. L'ensemble des produits de ces industries et de quelques autres de moindre importance est évalué à la somme de dix-huit millions de francs.

La propriété foncière, très-morcelée dans la haute Savoie, plus concentrée dans la basse, est, en général, endettée : cette situation est aussi celle des villes, des communes et des établissements publics.

C'est dans ce milieu, peu favorable, que se trouvait placée la Banque de Savoie au début de ses opérations ; et son Conseil d'administration caractérisait cette situation de la manière suivante, dans son rapport à l'Assemblée générale du 7 mars 1852 :

« Dans un grand État, où les ressources commerciales abondent, une « Banque trouve assez d'aliments dans une seule espèce d'opérations ; « mais il n'en est pas de même en Savoie, où une Banque qui ne se « livrerait qu'à l'escompte de papiers à trois signatures, ou à toute « autre spécialité d'affaires, ne pourrait pas exister.

« Pour que votre établissement pût donc satisfaire aux besoins du « commerce national, il était indispensable qu'il réunît trois espèces de « banque, qu'on pourrait distinguer comme suit :

« **Banque de dépôts et de virements de parties** ,

« **Banque d'escompte et de circulation,**

« **Banque ordinaire, avec restrictions gouvernementales.**

. . . .

« Une Banque, en Savoie, réduite à ne faire qu'un seul genre d'opé- « rations, ne pourrait pas y exister, quelle que fût la puissance de son « patronage. »

L'absence d'intermédiaires, ou le refus de concours de la part de ceux qui existaient, ajoutait aux difficultés de la position de la Banque de Savoie.

Annecy ne possédait pas une seule maison de banque bien organisée. Il a été, par la suite, suppléé à cette lacune par la création d'une Caisse d'escompte au capital de 200,000 francs ; par ce moyen, on a obtenu des effets avec deux ou trois signatures.

Mieux partagée sous ce rapport, Chambéry possède cinq maisons de banque, dont les trois plus importantes n'entretiennent aucun rapport avec la Banque de Savoie, dans laquelle elles trouvent, avec quelque raison, moins un aide qu'une rivale.

La création d'un Comptoir d'escompte, au capital de 300,000 francs, et d'une autre maison d'escompte, au capital de 200,000 francs, a paré en partie à l'abstention des autres banquiers.

Pour développer ses opérations, la Banque de Savoie s'est alors attachée à créer successivement des correspondants escompteurs, disséminés sur tous les points les plus importants. Ces correspondants escompteurs sont aujourd'hui au nombre de vingt-quatre, dont seize relèvent d'Annecy et huit de Chambéry.

Comme garantie de leur solvabilité, ils ont été astreints à fournir à la Banque des avals ou un cautionnement hypothécaire.

Le rôle de ces agents consiste à faire converger vers la Banque de Savoie la plus grande partie du papier des deux départements formés de l'ancienne province, et à recevoir en retour le papier payable dans les localités qu'ils habitent.

Le choix de ces intermédiaires, parmi lesquels figurent huit notaires ou anciens notaires, un employé des postes, un receveur des contributions, un médecin, indique la nature de leur clientèle. Leur entremise est en général coûteuse, et si la Banque en retire des avantages, il est douteux qu'on puisse en dire autant du pays.

A ces ressources, la Banque en a ajouté d'autres :

1° Par la faculté accordée à toute personne de présenter son papier à l'escompte directement et sans l'entremise d'intermédiaire ;

2° Par l'application, sur une large échelle, de l'article 16 de ses Statuts, c'est-à-dire en se mettant en relations, à l'étranger, avec un nombre considérable de correspondants dont elle reçoit et auxquels elle remet des valeurs à l'encaissement.

Le nombre de ces correspondants est de 138 pour Annecy, et de 147 pour Chambéry.

Aux opérations normales qui résultent de la lettre et de l'esprit de ses Statuts, telles que l'escompte, les avances, les recouvrements, la Banque de Savoie a ajouté l'ouverture de crédits à une grande compagnie de chemins de fer dont elle paye les coupons d'actions, et à une société d'exploitation de plomb argentifère ; en outre, la vente et l'achat, pour compte de tiers, de valeurs de bourse et d'effets publics.

Enfin pour accroître les moyens d'action que lui procurent son capital et sa circulation fiduciaire, elle a ouvert sa caisse à de nombreux dépôts, dont l'intérêt qu'elle sert aux déposants varie de 3 à 4 p. 0/0. Ces dépôts à intérêt lui ont procuré jusqu'à un million de ressources.

Il suffit d'énumérer les divers genres d'opérations auxquel se livre la Banque de Savoie, pour en tirer la conclusion que cet établissement est plutôt une *maison de banque*, qu'une banque proprement dite.

Sous forme de commissions, agios, changes de place, comptes de retour, elle réalise des bénéfices importants. Ces sources de bénéfices échapperaient forcément à une banque qui, constituée sur les principes de la Banque de France, par exemple, viendrait se substituer à celle de Savoie. La plupart de ces opérations lui seraient interdites, et son rôle, comme instrument de crédit, serait réduit à de faibles proportions.

Un examen rapide des principaux résultats obtenus par la Banque de Savoie, depuis 1852, jusques et y compris 1859, en fournit une preuve certaine. Ces résultats sont consignés dans les comptes rendus semestriels de la Banque. Ces comptes rendus sont malheureusement tellement succints, ils fournissent si peu de détails sur les opérations, qu'on ne peut en tirer que quelques données générales : elles ont cependant leurs enseignements.

I. PORTEFEUILLE.

Effets entrés.			Effets sortis.		
ANNÉES.	NOMBRE DES BILLETS.	SOMMES.	ANNÉES.	NOMBRE DES EFFETS.	SOMMES.
1852..	19,078	10,448,522 fr.	1852..	18,249	9,435,404 fr.
1853..	26,542	16,957,785	1853..	25,697	15,975,547
1854..	30,868	19,549,143	1854..	30,137	19,188,740
1855..	37,174	29,742,426	1855..	35,746	29,076,473
1856..	41,546	32,954,640	1856..	41,031	31,909,763
1857..	49,360	40,655,745	1857..	47,914	40,777,133
1858..	48,337	42,611,406	1858..	46,270	41,240,385
1859..	49,623	37,463,148	1859..	49,709	37,377,947

Ces entrées et sorties d'effets, dans le portefeuille, représentent non-seulement les effets admis à l'escompte proprement dit, pendant ces huit années, mais aussi tous les effets reçus des correspondants, tant de la Savoie que de l'étranger.

Il est vivement à regretter que les comptes rendus n'en fassent pas la distinction ; elle aurait servi à déterminer la part revenant, dans ce mouvement, à l'office de la Banque proprement dite, et à celui du Comptoir.

Il n'est pas moins regrettable qu'on n'ait pas pris soin de signaler le nombre des effets à deux signatures seulement ; cette indication aurait eu une signification instructive. Si on en juge par l'examen fait du porte-feuille en 1860, il paraît qu'à cette époque, près de la moitié des effets n'étaient revêtus que de deux signatures. Suivant toutes les probabilités, il en a été toujours ainsi, et l'on est fondé à l'induire de la nature d'une clientèle que la Banque de Savoie caractérisait elle-même en ces termes, dans le compte rendu du premier semestre 1858 : « Il est incontestable qu'en Savoie, où l'industrie n'a atteint qu'un développement très-incomplet, la plus grande somme des transactions est représentée par les opérations du commerce de détail, dont la moyenne est bien au-dessous de 50 livres. »

Un autre renseignement précieux qui manque dans les comptes rendus, c'est le nombre des effets émanant des propriétaires et agriculteurs. Tout porte à croire que la Banque de Savoie en a toujours escompté un nombre assez considérable. La preuve s'en trouve dans son rapport sur le deuxième semestre 1857, où, répondant aux critiques dont elle avait été l'objet, elle s'exprimait ainsi :

« Quelques personnes ont exprimé des doutes sur la légalité du crédit
« que la Banque dispense aux agriculteurs. Nous pensons que la Banque
« n'a point dépassé les limites posées à ses opérations par la loi orga-
« nique.

« On sait que les capitaux engagés dans les exploitations agricoles,
« comme dans toutes autres industries, se divisent en deux parts : l'une
« représente les avances nécessaires pour acquérir la propriété de la
« terre et opérer les améliorations qui s'incorporent au sol et le mettent
« en état de produire; ces avances constituent le capital fixe. L'autre
« part, appelée dans le commerce fonds de roulement, est appliquée à
« l'achat des matières, des valeurs mobilières sur lesquelles s'exerce la
« production agricole. C'est là le capital dont le crédit commercial
« seconde et accélère les évolutions, et la nature du concours que la
« Banque prête à l'agriculture. Les effets que les *producteurs agricoles*
« offrent à l'escompte représentent du vin, du blé, des bestiaux, sur-
« tout ceux destinés à l'engrais, et d'autres produits, et la *signature du*
« *vendeur et de l'acheteur* sont le fidèle reflet de la négociation commer-
« ciale. En conséquence, la Banque de Savoie, *en se livrant à ce genre*
« *d'opérations*, se conforme à l'esprit de l'article 12 de ses Statuts, et
« remplit une obligation *que lui impose son caractère unique d'organe de*
« *crédit commercial.*

« Il serait superflu d'énoncer que la Banque n'a pas à suivre l'emploi
« des capitaux qu'elle échange contre des titres réguliers..... *Si quel-*
« *quefois ces capitaux se déclassent et servent à éteindre des dettes hypo-*
« *thécaires, aucune responsabilité ne pèse sur elle à cet égard.* »

L'examen du portefeuille en 1860 a démontré que la majorité des
valeurs qu'il contenait, par leur forme, par la répétition fréquente de
certaines signatures données sous forme d'avals ou d'endossements, par
des croisements de noms pris dans la même famille, par l'apposition
répétée de signatures de notaires, de procureurs, huissiers, dénote des
prêts directs, plutôt que des transactions commerciales. Un grand
nombre de ces effets, surtout dans le Comptoir de Chambéry, ne sont
depuis longtemps que des renouvellements constatant des prêts anciens,
non remboursés.

Le compte rendu du mois de septembre 1858 signale cet abus dans
les termes les plus vifs, et il est certain qu'il subsiste encore :

« Nous devons signaler un abus qui contribue au mal de la situation.
« Une classe de clients, très-onéreuse, rembourse ses effets échus par des
« cessions qui ne sont que des titres de renouvellement. Ce genre d'opéra-
« tions, nullement fondé sur affaires, n'est en réalité qu'un prêt à long
« terme qui ne produit qu'un intérêt de 3 p. 0/0 après avoir déduit les frais
« généraux, et qui paralyse la circulation. »

Si tous les renseignements, dont le défaut se fait sentir, se rencon-
traient dans les comptes rendus de la Banque de Savoie, il serait facile de
déterminer la nature des services qu'elle rend au pays, et de démontrer
que nulle autre banque ne serait en mesure d'y satisfaire au même
degré.

Il n'est pas sans intérêt de rapprocher du tableau général des entrées
et sorties des effets, celui des effets escomptés, soit directement, soit
par l'intermédiaire des correspondants ou agents escompteurs.

2· TABLEAU·

ANNÉES.	NOMBRE.	SOMMES.
1852...	5,082	5,551,580 fr.
1853...	9,234	9,026,061
1854...	11,743	11,073,324
1855...	17,431	13,963,670
1856...	23,388	17,558,228
1857...	27,784	21,907,258
1858...	29,733	24,916,529
1859...	28,240	22,388,279

Il résulte de ce tableau que les effets reçus à l'escompte direct ou par les agents escompteurs, comparaison faite avec le total des effets entrés dans le portefeuille année par année, forment,

Savoir :

En 1852 un peu moins du 1/4 en nombre de tous les effets entrés et la 1/2 en somme.

1853	plus de	1/2	—		1/3	—
1854	—	1/2	—	plus du	1/3	—
1855	moins de	1/2	—	plus du	1/3	—
1856	plus de	1/2	—	plus de	1/2	—
1857	—	1/2	—	—	1/2	—
1858	—	1/2	—	—	1/2	—
1859	moins des	2/3	—	moins des	2/3	—

Toute la différence provient évidemment des relations avec les correspondants du dehors, D'où il découle cette conséquence, que la moitié environ des opérations du portefeuille de la Banque de Savoie, et les plus lucratives, est due à ses fonctions comme maison de banque ou comptoir.

Le tableau du mouvement des caisses de la Banque de Savoie confirme le résultat qu'on vient de signaler.

3. TABLEAU.

Recettes.		Payements.	
ANNÉES.	SOMMES.	ANNÉES.	SOMMES.
1852...	7,435,319 fr.	1852...	6,683,682 fr.
1853...	10,987,957	1853...	10,387,679
1854...	12,112,868	1854...	11,976,316
1855...	25,608,462	1855...	25,762,013
1856...	31,345,112	1856...	31,025,876
1857...	38,697,161	1857...	37,804,403
1858...	36,331,293	1858...	36,193,270
1859...	32,088,740	1859...	31,020,422

Ce mouvement de caisse correspond à celui de l'escompte local et à celui des entrées et sorties de fonds en dépôts désignés dans les comptes rendus sous les noms de *comptes courants disponibles* et *comptes courants non disponibles*. Cette dernière espèce indique les fonds qui ne peuvent être retirés qu'après un avis préalable d'un certain nombre de jours ou de mois, suivant l'importance des sommes déposées, et pour lesquels la Banque de Savoie sert un intérêt variable entre 4 et 5 p. 0/0.

Les compte rendus ne font mention de ces deux sortes d'opérations que pendant les premières années ; on s'est ensuite abstenu de les rapporter sans en donner la raison.

Ces opérations ont été cependant importantes : les dépôts à intérêt surtout ont pris et doivent avoir conservé jusqu'à la fin un accroissement très-caractéristique.

4. TABLEAU.

ANNÉES.	DÉPOTS EN COMPTES COURANTS DISPONIBLES.	COMPTES COURANTS NON DISPONIBLES.
1852...	525,481 fr.	9,365,847 fr.
1853...	1,054,053	14,835,659
1854...	1,655,942	18,536,176
1855...	»	12,993,316
1er semestre.		

Ces comptes courants non disponibles, conformes aux Statuts, qui donnent à la Banque de Savoie la faculté exceptionnelle de recevoir des fonds moyennant intérêt, sont pour elle une précieuse ressource en ce qu'ils mettent à sa disposition une quantité notable de numéraire qu'elle serait obligée de se procurer du dehors et à grand frais.

Quant aux avances sur métaux, effets publics, et même sur marchandises, ils n'ont jamais eu qu'une très-faible importance, si l'on en juge par les résultats indiqués dans les comptes rendus des quatre premières années, les seules qui en fassent mention.

Ils ont été :

1852................. 272,819

1853................. 409,179

1854................. 741,309

Enfin la circulation fiduciaire, malgré tous les efforts de la Banque de Savoie pour la faire entrer dans les habitudes locales, n'a jamais pu atteindre un grand développement. C'est ce qu'elle constatait elle-même dans le compte rendu de septembre 1858, en ces termes : « Cependant,

« nous devons vous dire que la circulation de vos billets ne participe
« point au progrès général des autres opérations, »

5. TABLEAU.

ANNÉES.	CIRCULATION MOYENNE.
1852...	424,700 fr.
2ᵉ semestre.	
1853...	673,600
1854...	648,400
1855...	1,708,300
1856...	2,030,600
1857...	1,936,600
1858...	2,166,300
1859...	2,969,600

L'augmentation rapide qu'a pris la circulation pendant l'année 1859,
est due à l'autorisation donnée à la Banque de faire pour un million de
billets à petite coupure de 20 francs.

Si donc on examine attentivement la marche de la Banque de Savoie
depuis son origine, on reconnaîtra qu'elle a certainement rendu des services au commerce et à l'industrie de son pays. Mais sous quelque point
de vue qu'on l'envisage, dans ses Statuts, dans l'application qu'elle en a
faite, dans son organisation et son mécanisme, dans les conditions et les
sources où elle a puisé ses bénéfices, et finalement dans la composition
de sa clientèle, on ne pourra s'empêche de constater qu'elle constitue un
établissement spécial, propre aux localités où elle exerce son action.

Par ces raisons, son maintien est utile et nécessaire. Ce maintien a été
désiré par la Banque de France elle-même qui en a signalé tous les avantages. Dans l'état des choses, il ne serait pas sans inconvénient de substituer à cet établissement une succursale de la Banque de France.

Cette succursale ne pourrait remplacer efficacement la Banque de
Savoie dans les opérations multiples auxquelles elle se livre.

Les relations commerciales et industrielles en souffriraient inévitable-
ment. Voilà pourquoi il est de l'intérêt des provinces annexées que cette
institution subsiste.

Aussi personne n'a songé à contester à la Banque de Savoie l'existence
qu'elle a eue jusqu'à ce jour. A quel titre peut-elle donc prétendre à une
indemnité qu'elle évalue à plusieurs millions? Elle n'éprouve aucun préjudice; elle fonctionne comme auparavant, et les résultats de son exploitation sont les mêmes depuis l'annexion.

Elle se prétend lésée, cependant, et voici sur quoi elle se fonde :

Par une loi du Piémont, du 27 février 1856, la Banque nationale
Sarde fut autorisée à établir des succursales, lorsqu'elle le jugerait con-
venable, soit dans les villes de terre ferme, soit dans l'île de Sardaigne.
Cette faculté pouvait être menaçante pour la Banque de Savoie, qui était
exposée à voir la Banque nationale s'implanter au milieu de son centre
d'action et lui faire une redoutable concurrence.

Pour éloigner le danger et donner à la Banque de Savoie la possibilité
de se défendre si elle était inquiétée, le Gouvernement Sarde, par la
même loi, lui donna, par réciprocité, la même faculté.

Tel est bien le caractère de cette loi du 27 février 1856, et les débats
dont elle fut l'objet dans la Chambre des Députés du Piémont ne laissent
à cet égard, subsister aucun doute.

Il résulte de la discussion que la Banque nationale des États Sardes,
dont le privilége n'est pas exclusif, et à côté de laquelle une autre banque
pourrait être établie, sollicitait l'autorisation de créer des succursales sur
tous les points du royaume.

Un député de la Savoie, **M. Despine**, demanda qu'à raison de l'existence de la Banque de Savoie, il ne fût pas permis à la Banque nationale
d'élever une succursale dans cette province.

Il fut reconnu dans la discussion que la Banque de Savoie n'avait pas
non plus de privilége exclusif, et qu'ainsi il n'y avait pas lieu de faire à
son égard une exception.

M. Despine demanda alors que, par réciprocité, la Banque de Savoie fût aussi autorisée à établir des succursales dans tout le royaume. Le Ministre des finances donna son approbation à cette demande, en faisant observer que ces facultés se limiteraient par le fait. Il devait en effet résulter de cette double autorisation, qu'aucune des deux Banques ne ferait usage de son droit pour chercher à entreprendre sur le domaine de l'autre.

C'est ce qui est arrivé : la réciprocité a rendu le droit inutile. Depuis cinq ans, la Banque de Savoie n'a songé à fonder nulle part une succursale, parce qu'elle aurait rencontré sur le même terrain la Banque nationale. Elle attachait à ce droit si peu d'importance qu'elle n'en a pas même fait mention dans ses comptes rendus, ni à l'époque où la loi a été faite, ni depuis, si ce n'est dans celui de septembre 1860. Cet avantage, qu'elle fait valoir aujourd'hui comme une de ses plus belles facultés, a passé inaperçu, et n'a pas eu la moindre influence sur la valeur de ses actions. C'est seulement quand il s'est agi de trouver des moyens à l'appui du projet, inventé d'abord par quelques-uns de ses actionnaires, adopté ensuite par elle, d'une fusion avec la Banque de France, qu'elle a imaginé d'en argumenter, de l'exagérer outre mesure, de soutenir qu'elle a virtuellement le droit de s'établir dans toute l'étendue de la France ; mais que ce privilége se trouve paralysé par celui de la Banque de France partout où celle-ci a des succursales ; que dès lors, en vertu des principes du droit public et privé, une indemnité lui est due par le Gouvernement. Et comme sa liberté d'action est, dit-elle, considérable ; qu'elle peut se livrer pour ainsi dire à tous les genres d'opérations, le préjudice qu'elle éprouve est d'autant plus énorme et doit se chiffrer par des millions.

En vérité, on est tenté de se demander si une pareille prétention peut être sérieuse, et si l'on doit y répondre sérieusement.

Toute l'argumentation de la Banque repose sur une erreur, ou un faux principe, qu'elle proclame comme une vérité incontestable. Suivant elle, par cela seul qu'elle avait le privilége d'établir des succursales dans tous les États du Piémont, elle a acquis, par le fait de sa réunion à la

France, le droit d'en créer sur tout le territoire français. Au soutien de sa prétention, elle invoque une consultation de l'éminent jurisconsulte Me Dufaure.

Rien n'est moins vrai que le raisonnement de la Banque de Savoie.

Il faut d'abord remarquer que, de sa nature, le droit qui lui a été concédé est un privilége. Or les priviléges, dans quelque pays que ce soit, et quelles que soient les circonstances dans lesquelles ils ont été accordés, sont de droit étroit, c'est-à-dire qu'ils sont susceptibles d'être plutôt restreints qu'étendus. Par eux-mêmes, par leur vertu propre, ils ne peuvent pas croître, changer d'objet, s'augmenter par voie de conséquence. Ils doivent être strictement renfermés dans les limites qui leur ont été assignées à l'époque où ils ont été accordés.

Quand donc le Piémont a concédé à la Banque de Savoie le droit de former des succursales dans toutes les villes de l'État, il le lui a donné tel qu'il pouvait alors le lui accorder, dans le territoire qu'il possédait au moment de l'octroi. En sorte que si le Piémont s'était agrandi, se fût annexé un nouveau territoire, il eût fallu, pour que la Banque y pût exercer son privilége, qu'il intervînt, soit une loi spéciale, soit une loi générale, déclarant applicable aux possessions nouvelles toutes les lois précédemment rendues pour l'ancien territoire. Sans cela, il est indubitable que le privilége de la Banque aurait été restreint au Piémont.

Il en serait de même de toute autre concession générale ou particulière faite par un État, telles que mines, canaux, chemins de fer, priviléges de théâtre et autres de toute nature. Quand un État aliène ces choses qui sont de son domaine, il ne peut être censé les aliéner que dans l'étendue de sa possession au moment de l'aliénation; soutenir le contraire, en matière de privilége ou de concession, ce serait dénaturer les vrais principes de la matière et arriver aux conséquences les plus funestes.

Dans le cas d'annexion d'un pays à un autre pays, les priviléges accordés dans le pays annexé ne s'étendent pas *de plein droit* dans l'autre pays. Pour qu'ils s'y exercent, il faut une concession nouvelle ou une extension expresse.

Or, il est évident que cette concession ou cette extension formelle ne peuvent porter atteinte aux lois et aux droits déjà existants dans le pays avec lequel se fait l'annexion; qu'elles sont forcément et logiquement restreintes à ce qui pouvait être concédé par l'État à ses propres nationaux...

D'un autre côté, celui qui jouissait d'un privilége sur tout le territoire d'un pays dont une portion est annexée à un autre État, et qui se trouve dans la partie annexée, perd nécessairement son droit dans le pays dont il ne fait plus partie, à moins encore que, par une disposition expresse, ce droit ne lui ait été réservé.

D'après ces règles, qui ne sont pas susceptibles d'être controversées, et qui sortent de la nature des choses, lorsque la Savoie a été réunie à la France, quelle a été la position de la Banque établie dans les départements annexés?

Incontestablement, le privilége de la Banque s'est trouvé maintenu dans les départements où elle l'exerçait depuis dix ans.

Si la Banque a obtenu, ainsi que ses représentants l'ont laissé entendre, la confirmation de son droit dans le Piémont, dont la Savoie ne fait plus partie, elle en pourra jouir conformément à la loi de 1856, et en vertu de cette expresse confirmation.

Quant à la France et à son territoire, la Banque ne peut prétendre avoir plus de droits que les Français eux-mêmes. Elle est soumise aux lois françaises, rien de plus, rien de moins. La reconnaissance de son privilége, même expressément faite par le Gouvernement français, ne s'entendrait et ne pourrait s'entendre que dans les limites et aux conditions imposées par le droit français.

Or, la loi française, avant l'annexion, avait accordé des priviléges à la Banque de France et à ses succursales dans toutes les villes où elle en a établi avec l'autorisation du Gouvernement. Donc, lors même, ce qui n'est pas, que le Gouvernement donnerait expressément à la Banque de Savoie le droit général de former des établissements partout où il lui conviendrait, c'est-à-dire lors même qu'il confirmerait expressément ses pri-

4

viléges *in extenso*, la Banque de Savoie ne pourrait se mettre en concurrence avec la Banque de France, partout où celle-ci a été autorisée à s'établir. Et elle ne pourrait se plaindre de cet empêchement, parce que ce ne serait pas la violation d'une promesse ou d'un engagement : l'État n'ayant pu accorder que ce que la loi lui permettait d'accorder.

Mais le Gouvernement n'a pas promis cette confirmation pleine et sans réserve des priviléges de la Banque de Savoie, et il ne pourrait la donner sans se départir de toutes les garanties et de tous les pouvoirs qui lui sont réservés par la loi en matière de banque, c'est-à-dire sans mettre comme condition à la fondation d'une succursale une autorisation préalable des pouvoirs publics.

Ce que le Gouvernement peut faire, s'il ne l'a déjà fait par le protocole annexé, dit-on, au traité de réunion, c'est de reconnaître les droits de la Banque de Savoie tels qu'ils existent dans l'étendue du pays annexé ; c'est d'approuver l'exercice, sur tout le territoire français, de ceux de ces droits qui sont susceptibles d'y être exercés, alors même qu'ils pourraient paraître exorbitants.

La Banque de Savoie énonce donc un faux principe, et s'appuie sur une erreur de fait et de droit, lorsqu'elle allègue que par cela seul qu'elle était autorisée dans les États Sardes à s'établir partout où il lui conviendrait, elle se trouve par l'annexion virtuellement investie du même privilége en France.

En termes différents, la consultation de M⁰ Dufaure, invoquée cependant par la Banque de Savoie, arrive à la même conclusion.

Elle établit d'abord qu'au moment où la Savoie est incorporée à la France, les individus qui l'habitent ne perdent pas leur condition civile ; qu'il en est de même des individus collectifs, comme les sociétés anonymes, à moins qu'il n'y ait dans leur manière d'être quelque chose de contraire à l'ordre public des Français.

Elle constate ensuite que les Statuts de la Banque de Savoie ne blessent aucune de nos lois d'ordre public, et que les lois successives qui ont réglé le sort de la Banque de France ne contiennent aucune disposition générale prohibitive devant laquelle doive tomber la législation différente d'un pays annexé.

Évidemment le jurisconsulte se préoccupe ici de l'idée que la Banque de France pourrait élever la prétention, qu'elle n'a jamais eue, de soutenir que la Banque de Savoie ne doit pas et ne peut pas subsister. Il revient plusieurs fois sur ce point dans le cours de sa consultation.

Il ajoute : « Toutefois la Banque de Savoie avait un droit *qu'elle ne peut pas conserver.* » Quel est ce droit? C'est précisément celui résultant de la loi du 27 février 1856. Et pourquoi ne peut-elle pas le conserver? « Parce que, *dit Mc Dufaure,* du moment que les deux parties de l'an-« cienne monarchie Sarde vont ressortir de deux souverainetés différen-« tes, *tout cela est aboli.* La circulation de chacune des deux Banques doit « se renfermer dans le territoire auquel elle appartient. »

En effet, la Banque nationale Sarde ne pouvant pas s'implanter en France en vertu de la loi qui la régit et qui n'a pas d'autorité sur le territoire français, la Banque de Savoie est dans la même situation ; la réciprocité cessant, le droit n'existe plus.

S'ensuit-il que le droit à former des succursales, à sa convenance, et sur tout le territoire français, appartienne à la Banque de Savoie en compensation de celui qu'elle a perdu ? Non, certainement, et Me Dufaure, après avoir établi que la Banque de Savoie n'a aucune indemnité à demander au Piémont, se borne à dire en termes restrictifs :

« Pour nous donc, la Banque de Savoie exerce dans les deux départe-« ments qui ont été formés de l'ancienne Savoie les droits qu'elle tient « *de la loi de 1851.* »

Mais il observe qu'elle y rencontrera une formidable concurrence, celle de la Banque de France, parce que la Banque de Savoie n'a pas reçu un droit exclusif ; que le Gouvernement pourrait y créer à côté d'elle une nouvelle Banque, et qu'à plus forte raison la Banque de France s'y étend de plein droit.

C'est dans cette prétendue concurrence que Me Dufaure voit à tort un préjudice et un principe d'indemnité, et non dans l'empêchement au droit d'établir des succursales, droit dont il proclame l'extinction, ce qui est bien différent.

Ainsi tombe, condamnée par son propre conseil, la principale base de l'indemnité réclamée par la Banque de Savoie; car si elle n'a pas le droit qu'elle invoque, elle ne peut se plaindre des empêchements qu'elle rencontrerait dans son exercice, et par suite elle n'est pas fondée à demander à être indemnisée à cause de ces empêchements.

Est - elle mieux fondée à le demander à cause des amoindrissements qu'elle éprouverait ? D'abord il faut écarter l'argument qu'elle prétend tirer de l'unification de l'Italie, et du vaste champ qui aurait été ouvert à ses créations de succursales, si la Savoie était restée italienne.

Il est facile de répondre, en premier lieu, que le royaume d'Italie ne pouvait se former qu'à la condition de la séparation de la Savoie. En second lieu, en admettant que la Savoie eût pu rester partie intégrante du royaume d'Italie, la Banque se trompe en disant que son privilége se serait étendu de plein droit à toutes les parties du nouveau royaume ; le contraire a déjà été démontré ; sans une loi nouvelle, elle n'eût été en possession de sa concession que dans l'étendue de l'État qui la lui avait accordée en 1856.

Aurait-elle obtenu cette loi en sa faveur? Il est certes permis d'en douter.

Cet argument ne peut donc lui servir. Quant à celui qu'elle tire de la perte de son droit dans les États Sardes autres que la Savoie : remarquons qu'il est repoussé par la consultation de Me Dufaure. Par l'annexion, le droit a été aboli, et il l'a été sans dommage pour la Banque de Savoie.

Car, quel préjudice peut lui apporter la perte d'un droit qu'elle n'a pas exercé et qu'elle ne pouvait évidemment pas exercer, sans s'exposer à des représailles qui lui eussent été funestes?

De bonne foi, la faculté qui lui a été donnée par la loi du 1856 n'a été en réalité qu'une arme mise dans sa main pour repousser la concurrence qu'aurait pu lui faire la Banque nationale de Turin. Cette Banque ne peut plus venir la supplanter dans la Savoie devenue Française ; l'arme devient donc inutile, et il est dérisoire qu'elle se plaigne de ne plus l'avoir à sa disposition, et qu'elle fasse surtout, de cette circonstance, le sujet d'une demande de plusieurs millions d'indemnité.

Le Gouvernement français ne peut donc, ni en droit ni en équité, être tenu à l'indemniser, même dans une proportion minime, à cause de la perte de cette illusoire faculté?

Et cependant, par l'annexion, la Banque de Savoie a reçu de l'État une compensation bien autrement précieuse que le droit inerte dont elle déplore la perte. Ainsi que le dit Me Dufaure, elle est venue en France avec sa condition civile ; elle y a pris son rang parmi les établissements français ; un marché immense est ouvert à ses opérations, et elle jouit sans conteste d'avantages qui n'ont jamais été accordés aux Banques françaises.

Car aucune d'elles n'a jamais réuni les diverses facultés dont la Banque de Savoie se trouve dotée.

Me Dufaure s'inquiète pour elle de ce qu'elle ne possède pas, même pour les deux départements annexés, un privilége exclusif, et de ce qu'une autre Banque pourrait être établie à côté d'elle par le Gouvernement.

Cela est vrai, sans qu'elle puisse s'en plaindre, puisque le privilége exclusif n'est pas de l'essence de sa constitution. Mais on oublie qu'aux termes de la loi du 30 juin 1840, aucune Banque départementale ne peut être établie en France que par une loi ; qu'il n'est pas dans les choses probables que le Gouvernement en propose une semblable pour les départements réunis, et que jusque là la Banque de Savoie n'a point à se montrer inquiète.

Mais, ajoute-t-on, la Banque de France peut venir s'y implanter *de son plein droit*. Si on entend par là qu'elle peut y fonder une succursale *de son autorité seule,* on se trompe; la loi du 30 juin 1840 porte, article 6, que les Comptoirs d'escompte de la Banque de France ne peuvent être établis ou supprimés qu'en vertu d'une ordonnance royale (aujourd'hui d'un décret impérial), sur la demande de son Conseil général.

Or, non-seulement le Conseil général ne demande pas une pareille création en Savoie, mais encore, s'il la demandait, il est évident que le Gouvernement repousserait cette prétention.

Si on veut dire que la Banque de France, comme semble le croire M. Dufaure, pourrait étendre ses opérations d'escompte en Savoie, sans y avoir de succursale, on se trompe encore; la Banque de France ne fait pas d'affaires avec des correspondants ou des agents escompteurs, comme la Banque de Savoie. Elle ne correspond qu'avec elle-même, et elle n'aurait aucun moyen pour aller chercher et attirer à elle le papier de la Savoie, qui d'ailleurs, ainsi qu'on l'a vu, ne rentrerait qu'en très-faible partie dans la catégorie de celui qu'elle admet à l'escompte.

Enfin entend-on faire allusion à la circulation fiduciaire de la Banque de France? C'est une question qui sera examinée ultérieurement. Il suffit, quant à présent, de faire observer que le péril est imaginaire; que la Banque de Savoie y était soumise de la part de la Banque nationale du Piémont; que dans tous les cas, il n'y a pas là le principe d'une indemnité à la charge du Gouvernement.

On est donc en droit d'affirmer que la base des réclamations de la Banque de Savoie fait complétement défaut, et que dès lors tout l'échafaudage qu'elle a construit sur ce fondement croule complétement.

Ajoutons que la Banque de Savoie n'a jamais compté sur le succès de sa demande; qu'en la faisant, elle n'a cherché qu'un moyen d'intéresser le Gouvernement à favoriser le projet de fusion avec la Banque de France. Elle l'a dit elle-même, alors qu'elle se bornait à solliciter *son appui pour réussir.*

§ 2.

Fusion avec la Banque de France.

Cette fusion est en effet l'objet de tous les désirs et de tous les efforts de la Banque de Savoie. Ne pouvant y atteindre directement par une entente avec la Banque de France, qui ne veut pas l'accepter, elle cherche par tous les moyens indirects à contraindre son consentement. A l'entendre, la Banque de France y met de la mauvaise grâce ; elle ne perdrait pas à cette fusion : loin de là, elle y acquerrait d'incontestables avantages.

La Banque de France ne doit rien à la Banque de Savoie ; elle n'est tenue à rien envers elle. Pourquoi donc veut-on mettre à sa charge une indemnité quelconque sous forme de fusion ou de toute autre manière ?

Elle pourrait se refuser à examiner cette question, sans que personne eût le droit de l'en blâmer. Le Conseil de régence a néanmoins consenti à s'en occuper, et c'est après une mûre délibération qu'il a repoussé le projet de fusion :

1° Parce que cette combinaison n'a aucun des caractères d'une fusion véritable ;

2° Parce que cette fusion serait plutôt nuisible qu'utile aux intérêts de la Savoie ;

3° Parce qu'enfin elle serait injuste.

La fusion n'en serait pas une. En effet, il n'y a aucune parité, non de puissance et d'importance, mais de nature entre les deux établissements. On l'a déjà vu, leur organisation, leurs moyens d'action, la plupart de leurs opérations, les sources de leurs bénéfices, diffèrent essentiellement. Ce qui a fait le succès de la Banque de Savoie, ses correspondants escompteurs, la faculté d'escompter les effets à deux signatures, de réescompter son portefeuille, ses relations de banque à l'intérieur et à l'étranger, ses dépôts avec intérêts, ses achats et ses ventes d'effets publics pour compte d'autrui, ses billets à petite coupure, sont interdits à la Banque de France. Tout cela disparaît dans une fusion, et la Banque de Savoie le comprend bien ainsi, puisqu'elle croit répondre à l'objection tirée de ces dissemblances en disant que *du jour où la fusion serait opérée, il n'existerait plus que les Statuts de la Banque de France.* C'est-à-dire que presque toutes les facultés constitutives de la Banque de Savoie seraient supprimées.

Où sont donc les avantages respectifs qui doivent se rencontrer dans toute combinaison de ce genre? Pour la Banque de Savoie, ces avantages sautent aux yeux : elle obtient un magnifique résultat; mais pour la Banque de France, qui n'a aucun intérêt à détruire une institution dont elle ne redoute pas la concurrence sur ses propres domaines; qui ne peut tirer parti d'aucun de ses droits spéciaux; qui, enfin, en cas de suppression de cet établissement, sera forcé de faire des sacrifices pour le remplacer: pour la Banque de France, disons-nous, il n'y a aucun motif qui puisse la déterminer à fusionner

En réalité, par la fusion, elle n'obtiendrait que l'abandon du droit de circulation fiduciaire de la Banque de Savoie. Ce serait payer cet abandon un prix exorbitant que de l'acquérir moyennant un échange d'actions au pair des deux Banques,

En second lieu, la transformation que la fusion apporterait dans les conditions d'existence de la Banque de Savoie serait plus nuisible qu'utile aux intérêts des deux départements. Il suffit, pour justifier cette proposition, de se rappeler ce qui a été dit plus haut sur l'état du commerce et de l'industrie dans ces provinces, les besoins de ses habitants, la situation de la propriété foncière. Les efforts persévérants de la Banque de Savoie, pour développer et distribuer le crédit, en sont une preuve manifeste ; et sans les facultés extraordinaires qui lui ont été données, jamais elle ne serait parvenue aux résultats qu'elle a obtenus. Elle l'a dit elle-même dans son premier rapport de mars 1852.

Tous ses comptes rendus, depuis l'origine, démontrent qu'avec une grande énergie, elle a rempli à la fois le rôle de toutes les espèces de banques, et que si elle n'avait pas eu ce droit, elle eût certainement succombé à la tâche.

L'état des choses est il aujourd'hui tellement changé que les nécessités d'une pareille organisation ne soient plus les mêmes? La réponse se trouve encore dans les derniers comptes rendus de la Banque de Savoie, dans l'examen qui a été fait de ses opérations pendant les dernières années, dans celui de son portefeuille et des comptes ouverts à sa clientèle. La Banque ne s'est pas transformée : elle a pu étendre ses moyens d'action, elle ne les a pas changés. Placée en dehors des grands centres commerciaux et dans un pays où l'industrie n'a pris qu'un développement très-incomplet, elle est principalement alimentée par des opérations du commerce de détail (*Compte rendu du premier semestre* 1858).

Elle est donc restée, et cela par la nature même du milieu où elle opère, maison de banque, bien plus que Banque proprement dite.

Dans cette sphère d'activité, la Banque de Savoie a été utile; elle est encore indispensable : sa suppression serait évidemment nuisible, et même une faute politique. Une succursale de la Banque de France, avec ses règles rigoureuses, la simplicité de son mécanisme, son abstention forcée de toutes opérations autres que l'escompte des billets à trois signatures sérieuses, ne remplirait pas le même but et laisserait en souffrance les besoins de ces localités. La Banque de Savoie le comprend ; mais elle en a pris son parti.

Qu'importent, dit-elle, ces prétendues considérations d'intérêt général, lorsqu'il est *absolument* certain que, dans le cas de fusion comme dans le cas de rachat de privilége, il se fonderait des comptoirs destinées à continuer les opérations adaptées aux habitudes locales, et qu'ainsi il serait donné à la fois toute satisfaction au crédit national et toute sécurité à la Banque de France.

Ce qu'il importe!... Mais, en vérité, c'est surtout de ces considérations dont les personnes désintéressées doivent se préoccuper, bien plus que des spéculations de quelques Actionnaires prêts à sacrifier les intérêts de leur pays à un bénéfice auquel ils n'ont pas droit !

Qu'est-ce qui prouve que des Comptoirs s'établiront pour continuer les opérations adaptées aux habitudes locales ? La Banque de Savoie, malgré ses efforts dans tout le cours de son existence, n'a pu parvenir à les fonder. Elle a été obligée de recourir à l'institution d'agents escompteurs chargés de rechercher le papier dans les diverses localités, et probablement d'en provoquer la création. Elle existe ; elle fait l'office de Banque et de Comptoir ; elle le fait avec profit pour elle et pour les populations. Il n'y a donc aucune bonne raison pour la supprimer.

En troisième lieu, cette fusion, telle qu'elle est demandée, c'est-à-dire moyennant un échange d'actions au pair, serait souverainement injuste, d'abord parce qu'elle donnerait aux Actionnaires de la Banque de Savoie les moyens de réaliser un bénéfice considérable qui ne leur est pas dû.

Il est certain qu'au moment de l'annexion les actions de la Banque de Savoie n'étaient qu'à 1,150 francs au plus ; la spéculation seule est venue en altérer le prix en l'élevant à 1,850 francs, et même, comme le disent les délégués de la Banque, à 1,900 et 2,000 francs.

Cette élévation subite n'a aucune raison d'être ; car les bénéfices faits dans les six premiers mois de 1860 n'avaient guère dépassé ceux de l'année 1859 (64 fr. 40 c. par action pour 1859, et 33 fr. 95 c. pour les six premiers mois de 1860).

C'est cependant contre ces actions, dont la valeur réelle est de 1,150 francs, que l'on voudrait obtenir des actions qui se vendent journellement 2,895 francs , et qui ont donné en 1860 un dividende de de 140 francs.

A ces cours, 4,000 actions de la Banque de France représenteraient. . . . . 11,580,000 francs,
et pareil nombre de la banque de Savoie à 1,150. .   4,600,000

La différence serait. 6,980,000

De pareils résultats sont tellement iniques, que le Conseil de régence de la Banque de France ne saurait jamais se prêter à les favoriser. La Banque de France, dit-on, n'en serait pas lésée, parce qu'elle n'aurait pas à acheter ces actions avec la prime de 1,895 francs ; qu'elle en créerait 4,000 nouvelles contre lesquelles elle recevrait 4 millions ; qu'ainsi le compte de capital serait augmenté, mais non altéré.

C'est une mauvaise excuse qui ne justifie pas la spéculation que l'on poursuit. La Banque de France n'a pas besoin d'augmenter son capital, qui l'a été récemment dans des proportions considérables; un accroissement nouveau, que rien ne nécessiterait, ne saurait se justifier aux yeux du public. Dans l'intérêt de sa dignité, la Banque de France doit résister avec énergie ; elle le doit aussi dans celui de ses Actionnaires.

Leurs revenus, d'après la Banque de Savoie, ne seraient amoindris, par cette attribution de 4,000 actions, que d'une manière presque inappréciable. Pour le démontrer, elle allègue que le revenu moyen de ses propres actions doit être estimé à 85 francs, et que la Banque de France, substituée à celle de Savoie, porterait facilement ce revenu à 120 francs, soit 480,000 francs par an,

Il sera établi plus bas, avec les propres comptes rendus de la Banque de Savoie, que la moyenne de son revenu a été de 73 francs, et non pas de 85 francs. Ce revenu, elle ne l'a obtenu qu'à l'aide d'opérations interdites à la Banque de France, et dont le résultat est entré pour plus de moitié dans ses bénéfices annuels.

Or la Banque de France n'aurait pas à recueillir cet héritage, et son revenu en serait diminué considérablement ; il le serait encore par la nécessité où elle se trouverait de refuser l'escompte des effets à deux signatures, et celui des valeurs qui n'auraient pas un caractère véritablement commercial. L'on peut donc dire hardiment que, non-seulement la Banque de France n'obtiendrait pas la cinquième partie des 73 francs de dividende des actions de la Banque de Savoie, mais que probablement les frais généraux de la succursale qu'elle établirait seraient à peine couverts par le petit nombre d'affaires régulières qu'elle pourrait traiter.

On objecte que la circulation fiduciaire de la Banque de France s'imposerait aux deux départements ; qu'elle pourrait s'étendre à Genève et à la Suisse française, et qu'ainsi les 4,000 actions nouvelles seraient facilement rémunérées par cet accroissement dans l'exploitation du privilége.

C'est là une hypothèse purement gratuite : une circulation fiduciaire ne s'établit qu'en raison directe de l'importance des transactions auxquelles elle sert d'instrument. Là où il n'y a qu'un nombre très-restreint de transactions, il ne peut y avoir aussi qu'une circulation fiduciaire minime. En d'autres termes, pour que la Banque de France puisse écouler des billets, il faut, ou bien qu'elle escompte du papier, ou qu'elle fasse des avances sur les valeurs qui sont de nature à lui être déposées. Or, le papier vraiment escomptable est très-rare en Savoie, parce qu'il n'y a pas une industrie et un commerce assez développés pour donner lieu à sa création, et les valeurs susceptibles d'être déposées pour obtenir des avances n'existent pour ainsi dire pas.

La Banque de France serait donc moins bien placée que la Banque de Savoie qui, malgré tous ses efforts, ses nombreuses relations, ses agents escompteurs, n'a pu, durant de longues années, développer sa circulation fiduciaire au delà d'un chiffre de deux millions.

Ce n'est qu'en 1859, lorsqu'elle a été autorisée à émettre des billets de 20 francs, que la circulation a augmenté. Elle s'en félicitait dans les termes suivants, dans son compte rendu de mars 1860.

Après avoir signalé un accroissement de 1,057,805 francs dans le deuxième semestre 1859, elle ajoutait :

« Sans négliger la part d'influence que le cours forcé des billets a pu
« exercer sur le développement de la circulation, tout nous porte à penser
« que cet heureux résultat est principalement dû à l'émission des cou-
« pures de 20 francs, car depuis la cessation du cours forcé, la circula-
« tion a persisté dans une progression ascendante. Un coup d'œil jeté
« sur nos tableaux montre qu'il est sorti de nos caisses pendant cet
« exercice 33,265 billets de 20 francs, nombre qui dépasse beaucoup

« celui des billets de 50 francs et de 100 francs émis pendant la même
« période. Les coupures d'un chiffre plus élevé ont laissé des traces
« d'une activité moins grande encore. En regard de ces 33,265 billets
« de 20 francs versés dans la circulation, 18,439 seulement ont été pré-
« sentés à l'encaissement, en payement ou en échange, tandis que les
« billets de 50 francs et de 100 francs sont rentrés en nombre bien
« supérieur.

« Il ressort avec évidence de cet exposé que les petites coupures
« *étaient impérieusement réclamées par les besoins commerciaux de la*
« *Savoie, et l'utilité de leur création ne pourrait plus être mise en*
« *doute.* »

Il ne serait pas difficile de démontrer que le billet de 20 francs n'est
pas nécessaire à la Savoie, et que la Banque seule en tire profit pour le
service de ses encaisses. Mais, sans entrer dans cette discussion, bornons-
nous à constater que, d'après les mêmes comptes rendus, la circulation
des coupures de 50 francs et de 20 francs était à la fin du deuxième
semestre de 1859 à peu près le tiers de la circulation totale, soit
947,570 francs sur 3,122,470 ; et à la fin du premier semestre de 1860
au delà du quart, soit 709,140 francs sur 2,737,000.

Cette circulation ne pourrait être maintenue par la Banque de France,
puisqu'elle n'émet pas de billets à coupures de 50 francs et de 20 francs.

De toutes les considérations qui précèdent, il résulte que si l'on donnait aux actionnaires de la Banque de Savoie 4,000 actions nouvelles de
la Banque de France, celle-ci ne retirant aucun ou presque aucun bénéfice de sa succursale de Savoie, le dividende qu'elle distribue annuelle-
ment serait nécessairement amoindri. En admettant que ce dividende
fût de 140 francs par action, ce serait une perte de 560,000 francs qui,
répartie sur les 182,500 actions actuelles de la Banque de France,
abaisserait le dividende de 3 fr. 07 c., et déprécierait la valeur actuelle
de chaque action de 75 francs, soit ensemble 13,687,500 francs. Car le
million que la Banque de Savoie offre de verser ne serait pas répartis-
sable, et viendrait accroître le fonds de réserve.

Pourquoi infliger cette perte aux actionnaires, et de quel droit la leur ferait-on subir, pour atteindre un résultat mauvais en soi, et profitable seulement dans une mesure exorbitante à ceux qui en poursuivent la réalisation?

A tous les titres, il était donc du devoir du Conseil de régence de repousser une fusion qui n'en serait réellement pas une, qui serait nuisible aux populations des départements réunis, et qui, enfin, serait souverainement inéquitable.

§ 3.

Rachat du privilége de la circulation fiduciaire de la Banque de Savoie.

« *Si nous devions un instant,* disent les délégués de la Banque de « Savoie, *écarter cette combinaison* (celle de la fusion) *pour nous arrêter* « *à celle du rachat, nous aurions à examiner ce qui dans cette hypothèse* « *reviendrait aux actionnaires.* »

Et, par un calcul ingénieux, ils arrivent à demander un chiffre plus élevé encore que celui qui résulterait de la fusion. Celle-ci leur donnerait 4,000 actions au taux de 2,895, soit 11,580,000 francs. Dans la vente, ils conserveraient leur capital social de 4,000,000, et ils céderaient le droit de circulation fiduciaire pour 8,000,000.

Il est vrai qu'ils ont reculé devant cette exagération de prix, et qu'ils l'on réduit, par une annexe à leur Mémoire, à 6,000,000. Les deux chiffres sont aussi exorbitants l'un que l'autre.

Examinons d'abord pourquoi la Banque de Savoie veut absolument qu'on la supprime, soit par la fusion, soit par le rachat, quand il serait si simple, si utile, de la laisser subsister telle qu'elle est. Elle donne trois raisons :

1° L'annexion qui a changé sa position ;

2º La prépondérance de la Banque de France, à laquelle elle ne peut résister ;

3º Les principes du Gouvernement, en matière de banque, qui s'opposent à l'existence de deux espèces de circulation fiduciaire.

Si le préjudice qu'elle prétend éprouver par l'annexion consiste dans la privation de ce qu'elle appelle son droit de créer des succursales dans toute la France, il a été suffisamment répondu à cette prétention pour qu'il ne soit pas besoin d'insister.

S'il s'agit, au contraire, de sa position, de son état, de sa marche depuis la réunion de la Savoie à la France, il n'y a qu'à lui opposer ce qu'elle dit d'elle-même dans son mémoire. Elle se représente comme « *un établissement du même genre que la Banque de France* (ce qui n'est « pas exact), *qui ne lui cède qu'au point de vue du chiffre de son capital,* « *et par conséquent de son importance dans le monde ; mais qui, malgré* « *la latitude donnée par ses Statuts à ses opérations, a toujours marché* « *avec une extrême sagesse ; qui a traversé des crises sérieuses sans ces-* « *ser de donner à ses Actionnaires un intérêt élevé ; et qui, aujourd'hui* « *encore, malgré la position qui lui a été faite par l'annexion et par la* « *prépondérance de la Banque de France, est dans des conditions de soli-* « *dité incontestables.* »

Comme personne, en effet, ne conteste sa solidité, que ses opérations, depuis l'annexion, continuent à être aussi prospères que par le passé, on est en droit de dire que l'annexion n'a pas réellement modifié sa position.

Quand on réfléchit, en effet, sur le rôle que remplit la Banque de Savoie, on est facilement conduit à reconnaître que l'annexion ne devait pas modifier sa situation. Elle est restée, et elle devait rester en possession, comme auparavant, de sa clientèle locale, qui ne pourrait lui être enlevée que par l'établissement d'une banque nouvelle dont elle n'a pas à craindre la fondation. A l'égard de ses relations à l'extérieur de la Savoie, rien ne met obstacle à leur continuation ; et si elle doit perdre quelque chose par la cessation de ses rapports avec le Gouvernement

Piémontais, elle obtient du côté de la France une extension qui lui donnera une très-large compensation. Elle a elle-même parfaitement apprécié cette situation dans son compte rendu du 9 septembre 1860, alors que depuis plus de six mois le traité de cession avait été signé par le Piémont et par la France.

Indépendamment des vues générales développées dans ce compte rendu sur l'influence de ce traité, elle constate sur les mouvements de son portefeuille un accroissement de plus de sept millions sur le semestre précédent. « Cet accroissement, *dit-elle*, doit être considéré comme « l'expression du progrès normal de votre institution, et il aurait été « plus grand encore, si des influences exceptionnelles n'avaient limité « son essor. En effet l'époque transitoire qui a précédé l'annexion à la « France, de février en juin, a notablement pesé sur les transactions « commerciales. *Un temps d'arrêt a été imprimé à l'achat et à la con-* « *sommation des produits français appelés à un prochain dégrèvement des* « *droits de douanes.* »

« Le mouvement des caisses suit ordinairement celui des portefeuilles : « il a dépassé le résultat atteint pendant le semestre échu le 31 décembre « dernier, de 8,028,315 fr. 61 c. De sorte qu'en réunissant leur mou- « vement à celui des portefeuilles, nous obtenons réellement, dans ces « deux comptes, une différence de 15,182,825 francs en faveur de cet « exercice, soit, *par jour de travail*, de 101,218 francs. Le chiffre des « effets admis à l'escompte offre aussi un excédant de 831,821 fr. 25 c. »

Telle a été la marche de la Banque de Savoie, jusqu'au 30 juin 1860, et d'après le rapport du 9 septembre, à cette dernière date, rien ne laissait supposer une diminution dans les opérations. Nous n'avons pas le compte rendu du deuxième semestre de 1860, ni celui du premier semestre de 1861 ; s'ils accusaient un amoindrissement, il est hors de doute qu'il faudrait l'imputer au projet de fusion, dont la Banque de Savoie, après l'avoir repoussé, s'est constituée le soutien, et qui, en jetant des incertitudes dans tous les esprits, a dû paralyser l'activité et les efforts des Directeurs et de l'Administration de l'établissement.

Il faut donc écarter cette première raison de rachat puisée dans l'annexion.

La seconde, que la Banque tire de la prépondérance de la Banque de France, n'a pas plus de fondement.

En quoi la Banque de France a-t-elle nui à la Banque de Savoie, et comment lui a-t-elle fait sentir sa prépondérance? Il serait difficile de l'expliquer; aussi se contente-t-on d'une simple allégation.

La Banque de France n'est pas allée opérer en Savoie; elle n'y a pu établir l'escompte, elle n'a pas porté atteinte à la clientèle de la Banque de Savoie ; elle n'a pas paru sur son domaine, elle n'y a pas fait une seule opération, ni lié une seule relation. Elle est demeurée aussi étrangère au mouvement d'affaires de ces provinces qu'elle l'était avant leur réunion à la France.

Il n'y a pas à lui en faire un mérite: elle ne pouvait pas se conduire autrement. Il ne lui est pas permis de fonctionner en dehors de ses établissements. Là où elle n'en a pas, elle ne peut pas agir : il faut qu'on aille à elle, elle ne va au-devant de personne, et elle ne peut même escompter que des effets payables dans le lieu où elle est établie. Elle ne correspond qu'avec elle-même, et elle n'a ni correspondants ni agents au dehors.

La Banque de Savoie n'a donc pas à redouter la concurrence de la Banque de France, tant que celle-ci ne formera pas d'établissement dans la Savoie ; et comme elle n'a certainement pas l'intention d'en élever un, que le voulût-elle, le Gouvernement ne l'autoriserait pas, les craintes de la Banque de Savoie sont chimériques.

Ne pouvant citer aucun fait à l'appui de ce prétendu envahissement de ses opérations par la Banque de France, celle de Savoie se plaint de l'amoindrissement de sa circulation fiduciaire, que celle de la Banque de France tend à remplacer, et qui ne peut plus trouver en France la place qu'elle a perdue dans le Piémont.

C'est encore une allégation à l'appui de laquelle on n'apporte aucune preuve. Pour vérifier le fait et l'apprécier, il faudrait avoir les comptes rendus du deuxième semestre de 1860 et du premier semestre de 1861 ; on ne les a pas produits. Ce qu'il y a de certain, c'est que, d'après le compte rendu à l'Assemblée générale du 9 septembre, la circulation qui avait augmenté considérablement, comparativement à 1859, a subi une diminution pour une cause toute spéciale, le remboursement immédiat de près de 1,500,000 francs de billets accumulés dans les caisses publiques sardes à l'époque de l'annexion. Ce remboursement de 1,500,000 francs n'a produit qu'une dépression de 385,430 francs sur la circulation du premier semestre 1860, mise en regard de celle du deuxième semestre 1859. Ce fait est purement accidentel et ne préjuge rien sur l'importance de la circulation fiduciaire de la Banque de Savoie. La circulation des billets est toujours corrélative au montant des opérations faites par une banque, et puisque celles de la Banque de Savoie augmentent au lieu de diminuer, sa circulation suivra la même progression.

L'infiltration des billets de la Banque de France dans les deux départements n'est pas susceptible de lui faire obstacle, car ce n'est pas avec ces billets que la Banque de Savoie soldera ses propres opérations ; et comme le cours n'en est pas forcé, elle est toujours maîtresse d'exiger qu'on la paye avec sa propre monnaie.

D'ailleurs cette infiltration sera certainement insignifiante, par cette raison capitale que la Banque de France n'a pas d'établissement en Savoie, et que ses succursales les plus voisines en sont à une assez grande distance ; qu'ainsi ses billets ne pouvant s'échanger facilement contre du numéraire, à la volonté ou suivant les besoins des porteurs, leur circulation sera toujours et forcément restreinte. Si on objecte qu'ils seront reçus comme argent dans les caisses publiques, la même facilité peut-être et sera certainement accordée par le Gouvernement aux billets de de la Banque de Savoie.

Cette observation répond déjà en partie à la troisième raison invoquée par la Banque de Savoie en faveur de la nécessité du rachat. « Nous « pouvons nous tromper, *dit M. Dufaure dans sa consultation*, mais nous « n'imaginons pas que le Gouvernement souffre cette anomalie sur le

« territoire français. Le Gouvernement républicain a proclamé, en 1848,
« le principe de l'unité des Banques et l'a mis en pratique. Le pouvoir
« impérial n'a pas semblé hésiter à adopter et suivre cette tradition. Il
« pensera qu'il y aurait eu moins d'inconvénient à laisser subsister
« quelqu'une de nos anciennes Banques départementales qui étaient sou-
« mises à des règles à peu près semblables aux Statuts de la Banque de
« France, qu'à laisser continuer les opérations plus hardies de la Banque
« de Savoie. Il cherchera donc à faire disparaître cette dernière institu-
« tion, et comme elle a des droits incontestables, il ne songera à la faire
« disparaître que par une transaction.

« A cette transaction le Gouvernement trouvera l'avantage de n'avoir
« en France qu'un papier de circulation ; et la Banque de France l'avan-
« tage pécuniaire d'étendre son privilége sur deux nouveaux départe-
« ments, »

Telle est l'argument présenté dans toute sa force.

Ecartons d'abord le prétendu avantage qui en reviendrait à la Banque
de France ; si elle était obligée de s'établir dans les départements annexés, ce serait une charge pour elle.

Plusieurs de ses succursales dans les départements français font à peine
leurs frais. Il en serait certainement ainsi d'une succursale en Savoie, où
le mouvement commercial et industriel n'est pas assez important pour
couvrir les dépenses d'organisation et d'entretien d'un établissement sou-
mis aux règles statutaires de la Banque de France. On sait pourquoi et
comment la Banque de Savoie a pu y prospérer : c'est en se livrant à des
opérations différentes, *plus hardies,* si l'on veut, que celles qu'il est permis à la Banque de France d'entreprendre. En cela, elle n'a fait que se
conformer aux besoins des populations.

Est-il vrai qu'il existe un principe rigoureux à ce point d'obliger le
Gouvernement à méconnaître ces besoins ? Celui de l'unité des banques
a été adopté avec juste raison, alors que le pays y était admirablement
préparé par son homogénéité, la solidarité de son commerce et de son
industrie, reliée sur tous les points du territoire par de nombreuses voies

de communications. Mais cette adoption n'est pas tellement absolue qu'il ne faille tenir aucun compte des circonstances spéciales et des nécessités locales d'une province nouvelle, qui ne participe pas et ne pourra de longtemps participer au mouvement général des affaires en France. Le Gouvernement a trop de sagesse pour ne pas comprendre qu'il ne doit pas sacrifier une institution bonne et solide, et qui a fait ses preuves, à l'application d'une théorie qui serait nuisible à une population dont il veut garantir les intérêts. Aussi quelque favorable qu'il soit à l'unité des Banques et à l'uniformité du papier de circulation, il ne s'est pas interdit cependant de transiger avec ce principe, et d'y admettre des exceptions commandées par la nature des choses.

Jamais transaction ne serait mieux justifiée, comme on l'a démontré surabondamment : cette transaction vaudrait mieux que celle qu'on demande à une fusion ou à un rachat qui détruirait la Banque de Savoie, sans la remplacer.

Il faut donc le reconnaître, les raisons invoquées par la Banque de Savoie pour la nécessité du rachat, ne sont pas sérieuses; ce ne sont que des prétextes. Le vrai motif de toute son insistance, c'est son ardent désir de se faire acheter.

Puisqu'elle veut donc vendre son droit, voyons quel est le prix qu'un acheteur pourrait y mettre.

Il ne s'agit pas en effet de savoir ce que la chose peut valoir pour le vendeur, mais quelle est sa valeur pour l'acheteur. Remarquons d'abord que le droit de circulation à céder n'a rien à faire avec les opérations de place en place que fait la Banque de Savoie avec ses correspondants du dehors, les remises qu'elle reçoit et qu'elle envoie en comptes courants , les achats et ventes d'effets publics, les payements qu'elle fait effectuer et qu'elle couvre en valeurs. Sa circulation fiduciaire ne joue dans ces transactions qu'un rôle très-secondaire. Ces affaires sont cependant pour elle la source de plus de la moitié de ses bénéfices. Il faut donc les retrancher des éléments de la valeur de la chose à acheter.

Le seul acheteur possible étant la Banque de France, elle doit néces-

— 45 —

sairement examiner aussi la nature et l'importance des transactions qui appelleront la sortie de ses billets. Or, ainsi qu'on l'a déjà dit, l'escompte des effets à deux signatures seulement, les prêts déguisés à la propriété et à l'agriculture, les dépôts à intérêts, qui constituent la plus forte partie des opérations que la Banque de Savoie fait sur place, sont encore à éliminer dans la recherche du véritable prix.

Reste donc, comme pouvant donner lieu à l'émission des billets, un nombre assez restreint de transactions véritablement commerciales susceptibles de recevoir l'intervention de la Banque de France. Le bénéfice qu'elle en retirera ne couvrira certainement pas ses frais.

Or, comme la Banque de Savoie arrive à un chiffre de huit millions, réduit ensuite à six millions, en capitalisant les bénéfices ou dividendes qu'elle a distribués à ses actionnaires, dividendes qu'elle évalue en moyenne à 85 francs par action, et qui n'ont été que de 73 fr. 15 c. (1),

(1) **Produits en tant p. 0/0, dividendes et réserves des Actions de la Banque de Savoie, de 1,000 francs chacune.**

SEMESTRES.	CALCULS PRÉCIS (dividendes seuls).	D'APRÈS LES COMPTES RENDUS.		D'APRÈS le MÉMOIRE de la Banque de Savoie.	DIVIDENDES, RÉSERVES.			PAR ANNÉES.
		Dividendes seuls.	Dividendes et réserves.		DIVIDENDES.	RÉSERVES.	TOTAL.	
					fr. c.	fr. c.	fr. c.	
2e semestre 1852..	4,32 0/0	4 1/2 0/0	»	4 1/2 0/0	21 60	»	»	
1er id. 1853.	6,09	6	»	6 3/8	30 45	»	»	fr. c.
2e id. 1853..	5,40	5 1/2	»	5 5/8	27 »	»	»	} 57 45
1er id. 1854..	5,36	5 3/8	»	5 1/2	26 80	»	»	
2e id. 1854..	5,84	6	»	6 5/8	29 20	»	»	} 56 »
1er id. 1855..	6,43	6 1/2	»	7 1/8	32 15	»	»	
2e id. 1855..	6,47	6 1/2	»	7 1/8	32 35	»	»	} 64 50
1er id. 1856..	9,54	»	11 1/4 0/0	11 1/4	47 75	8 37	56 12	
2e id. 1856..	7,02	»	8	8	35 10	4 42	39 52	} 95 64
1er id. 1857.	8,50	»	9 1/2	9 1/2	42 50	5 31	47 81	
2e id. 1857..	9,07	»	10 1/4	10 1/4	45 35	6 53	51 88	} 99 69
1er id. 1858..	6,78	6 7/8	7 3/8	8 3/4	33 90	2 78	36 68	
2e id. 1858..	6,24	6 1/4	6 5/8	7 1/5	31 25	1 96	33 21	} 69 89
1er id. 1859..	6,47	6 1/2	7	7 1/2	32 35	2 30	34 65	
2e id. 1859..	6,41	6 1/2	7	7 1/2	32 05	2 21	34 26	} 68 91
1er id. 1860..	6,79	6 7/9	7 35	»	33 95	2 81	36 76	
Moyennes........	6,67 0/0				33 35	4 07	41 21	73 15

La Banque de Savoie ajoute sans doute à cette moyenne les 20 p. 0/0 alloués aux Directeurs. après 5 p. 0/0 aux Actions. Ces 20 p. 0/0 ne sont, en réalité, que des suppléments de traitements qui entrent nécessairement dans les frais généraux.

et comme la presque totalité de ces bénéfices échapperont à la Banque de France, celle-ci en payant la chose 600,000 francs, en donne toute sa valeur.

On arrive à peu près au même résultat en prenant pour base le chiffre de la circulation fiduciaire de la Banque de Savoie en 1859, année où elle a atteint son maximum, et en en déduisant la portion correspondante aux petites coupures de ses billets,

soit sur......................	2,969,600 fr.
petites coupures de 50 fr. et 20 fr..	947,570
	2,022,030 fr.

Mais, comme aux termes des Statuts, le montant des billets en circulation, cumulé avec celui des sommes dues par la Banque en comptes courants et payables à réquisition, ne peut excéder le triple du fonds disponible existant dans les caisses en espèces métalliques, il est évident que la Banque n'a retiré profit que des deux tiers de sa circulation, c'est-à-dire environ 1,200,000 francs; l'autre tiers se trouvant représenté par des espèces métalliques, non productives dans ses caisses.

Or, ce profit ne peut être évalué à plus de 2 p. 0/0 net de tous frais et pertes, c'est-à-dire à 24,000 francs, qui, capitalisés à 4 p. 0/0, reproduisent le chiffre de 600,000 francs offert par la Banque de France.

Enfin le résultat est encore le même si l'on établit le prix d'après la valeur des actions de la Banque de Savoie au moment de l'annexion. La somme de 600,000 francs est la représentation de la prime de 150 francs, cours le plus élevé qu'aient acquis à cette même époque les 4,000 actions de la Banque de Savoie.

Cette Banque repousse ce prix comme infime; il est en effet bien au-dessous des espérances qui ont produit d'abord une hausse factice sur les actions, et amené ensuite les détenteurs à ne plus vouloir en vendre à aucun prix.

Mais, ainsi que nous l'avons démontré, ces espérances n'ont aucun fondement quelconque; elles sont déraisonnables et illégitimes, car il reste prouvé d'une manière incontestable :

1° Que le droit à une indemnité, allégué par la Banque de Savoie, n'existe pas; qu'il ne lui est rien dû, ni en justice ni en équité, par le Gouvernement;

2° Que la fusion au pair de ses actions avec celles de la Banque de France ne peut avoir lieu, parce que la Banque de France, qui est bien en droit de n'en pas vouloir, la repousse comme étant sans avantages pour elle-même, injuste à l'égard de ses Actionnaires, nuisible aux intérêts des populations de la Savoie;

3° Qu'enfin, si la Banque de Savoie, au lieu de continuer, comme par le passé, une existence solide et fructueuse, tient absolument à se vendre, on ne peut lui acheter, de tous ses droits, que celui relatif à sa circulation fiduciaire, et que le prix exorbitant qu'elle y attache rend toute négociation impossible,

La Banque de Savoie doit donc renoncer à poursuivre un projet auquel elle n'aurait pas dû s'associer. Elle a en elle-même toutes les conditions qui lui assurent une existence solide et fructueuse; elle a sa raison d'être dans les besoins des populations auxquelles elle a rendu et elle est appelée à rendre de véritables services. Qu'elle reprenne cette confiance dont elle se montrait si justement animée, dans son compte rendu du 9 septembre 1860, et dont elle n'aurait pas dû se départir.

Quelques mots actuellement sur une lettre imprimée à la suite du Mémoire présenté par la Banque de Savoie à M. le Ministre des finances.

Cette lettre, en forme de consultation, est signée par MM. les Députés de la Savoie au Corps législatif. Sa publication, autorisée sans aucun doute, est un de ces moyens d'influence par lesquels une spéculation habilement dissimulée sous des apparences de justice et d'intérêt public, espère, à défaut de raisons légitimes, triompher des résistances que la Banque de France lui oppose.

Il est profondément à regretter que MM. les Députés de la Savoie aient consenti à prêter à cette entreprise l'appui de leurs noms, et surtout de leurs qualités. Mais il l'est bien davantage qu'ils l'aient fait en des termes si peu mesurés, et avec une connaissance si superficelle du sujet qu'il traitent.

A les entendre, la Banque de Savoie était appelée à un progrès indéfini et à une merveilleuse prospérité par la faculté que la loi de sa constitution lui accordait de s'établir dans toutes les villes de l'État, d'augmenter son capital et de perpétuer sa durée.

C'est une hyperbole, une exagération peu réfléchie, qu'un examen un peu sérieux des conditions d'existence de la Banque de Savoie aurait dû empêcher de se produire.

L'extension et l'activité de la Banque de Savoie sont nécessairement limitée. Le milieu où elle est établie, les besoins qu'elle est appelée à servir et à développer, sont la mesure de l'importance qu'elle peut atteindre. Ce milieu et ces besoins sont restreints et ne sont pas susceptibles d'un grand développement. Si, pour augmenter ses opérations, elle a dû en chercher les éléments à l'exterieur et à l'étranger, elle s'est créé aussi par là les dangers que comporte ce genre de relations. Y appliquer un capital considérable, ce serait détruire les sécurités qu'elle présente comme institution de banque ; et quant à la faculté de former des succursales dans tout l'État, il a été démontré que cette faculté était vaine et sans aucune valeur.

Messieurs les Députés ajoutent que la Banque de France vient profiter des sacrifices et des travaux de la Banque de Savoie, s'emparer de son présent, de son avenir, substituer sa circulation fiduciaire à la sienne, l'écraser par une organisation et un crédit qui n'ont pas leur semblable.

Ces redondantes allégations prouvent que Messieurs les Députés n'ont pas plus étudié la Constitution et le mécanisme de la Banque de France que celui de la Banque de Savoie. Comment et par quel moyen la Banque de France pourrait-elle s'emparer du présent et de l'avenir de la Banque de Savoie ? Ce ne serait que par l'établissement d'une succursale, et elle n'a ni la volonté ni la possibilité d'en créer une en Savoie. Elle n'a pas d'intérêt à le faire, parce qu'elle n'y trouverait pas les éléments suffisants pour assurer sa marche. A l'égard de ces opérations multiples plusieurs fois signalées déjà, et qui font surtout l'objet de l'activité et des travaux de la Banque de Savoie, la Banque de France n'a point à en profiter, puisqu'elles lui sont interdites, pas plus qu'elle n'est intéressée à l'extension de sa circulation fiduciaire dans une province où elle n'a aucun établissement, et où, par cela même, cette circulation sera toujours très-limitée.

Il n'était certes pas permis, surtout à des Députés consultés et consultants, d'ignorer ainsi les premiers éléments d'une cause qu'ils ont consenti à soutenir de leur influence ; mais il leur appartenait bien moins encore d'employer, en parlant de la Banque de France, le langage inqualifiable, pour ne rien dire de plus, dont ils se sont servi à son égard,

« *Vous avez affaire*, disent-ils à leurs clients, *à un corps privé qui n'a « d'autre objet que de* spéculer *à son bénéfice, et ne peut avoir un grand « désir de faire un sacrifice à la justice et à l'intérêt public.* »

La Banque de France occupe un rang trop élevé dans les institutions de son pays pour que de pareilles insinuations puissent l'atteindre. Pour en faire justice, il suffit de leur opposer la considération publique dont elle est entourée, les services qu'elle n'a cessé de rendre au commerce et à l'industrie, et le désintéressement dont elle a donné tant de preuves.

La Banque de France n'a jamais spéculé, ni sacrifié l'intérêt public à des considérations mesquines de bénéfices ; mais elle a toujours résisté et résistera toujours aux spéculations que la justice et l'équité réprouvent.

En repoussant, dans cette circonstance, les tentatives diverses des Actionnaires de la Banque de Savoie, elle est convaincue qu'elle sauvegarde les intérêts bien entendus de *la Savoie*, bien mieux que ne l'ont fait Messieurs les Députés qui ont mission de la représenter.

Paris.—Imprimerie de Paul Dupont,
rue de Grenelle-St-Honoré. 45.

9 782014 466669